Gnubbels aus Papier

Die Gnubbels, das sind kleine, freche Zwerge, Wichtel und Trolle, die hier ihren Spaß haben, mal alleine, mal mit Verstärkung.

In diesem Buch finden Sie viele bunte und witzige Fensterbilder, Karten, Lesezeichen und mehr.

Schnell etwas Tonkarton und eine Schere geholt – schon kann der Bastelspaß beginnen. Ob als Geschenk oder für die eigene Wohnung, die kleinen Gnubbels bezaubern jeden.

Ich wünsche Ihnen viel Freude mit diesen Gesellen!

Ihre

Monika Gänsler

Die Motive lassen sich in folgende Schwierigkeitsgrade unterteilen:

● ○ ○ einfach ● ● ○ etwas schwieriger ● ● ● anspruchsvoll

MATERIALIEN UND WERKZEUGE

Folgende Materialien und Werkzeuge werden für fast jedes Modell hier im Buch verwendet. Sie werden in den speziellen Materiallisten nicht mehr extra mit aufgeführt.

- Tonkarton in verschiedenen Farben
- Transparentpapier
- dünne Pappe (für Schablonen)
- mittelgroße, spitze Schere
- kleine, spitze, halbrunde Nagelschere
- Cutter mit Schneideunterlage
- Lochzange
- Locher
- Bleistift
- Radiergummi
- Klebstoff (Klebestift und UHU Alleskleber Kraft)
- dünner Stift in Schwarz
- Buntstift in Rot
- Lackstift in Weiß
- Nähnadel
- ggf. Juteschnur in verschiedenen Farben (evtl. Paketschnur)
- ggf. Stoffreste

Hinweis: Bitte beachten, dass die Materialangaben nur für einseitig gebastelte Motive gelten. Bei beidseitig gearbeiteten Motiven braucht man die doppelte Menge an Material. Für die Rückseite die benötigten Teile nochmals ausschneiden und spiegelverkehrt aufkleben.

Hinweis: Als „Rest" wird immer ein Tonkartonstück bezeichnet, das maximal A5 groß ist.

So geht's

1 Einen Bogen Transparentpapier auf den Vorlagenbogen legen und die Motivteile ohne Überschneidungen auf das Papier übertragen.

2 Das Transparentpapier auf dünne Pappe kleben und exakt ausschneiden – fertig sind die Schablonen. Diese auf den Tonkarton in der gewünschten Farbe legen und die Konturen mit einem Bleistift nachziehen. Alle Teile sorgfältig ausschneiden.

3 Das Motiv zusammensetzen. Die Innenlinien mit einem schwarzen Stift aufmalen, die Wangen mit Buntstift röten und mit dem weißen Lackstift die Augen ausmalen bzw. die Lichtpunkte (Achtung, diese werden frei Hand aufgemalt und sind nicht mit auf den Vorlagen eingezeichnet!) ergänzen.

Für die Innenlinien das Motiv am besten vom Vorlagenbogen auf Transparentpapier abpausen. Auf der Rückseite die Linien mit einem Bleistift nachziehen. Das Transparentpapier wieder auf das Motiv legen und die Linien noch einmal nachziehen. Dabei überträgt sich der auf der Rückseite haftende Bleistiftgrafit auf das Bild.

1

2

Tipps und Tricks

- Manchmal ist es sinnvoll, die schwarzen Innenlinien vor dem Zusammensetzen zu ergänzen. Nach dem Fixieren kann es aufwändiger sein.
- Die Augen und die Zähne werden immer mit einem weißen Stift aufgemalt (außer bei dem Motiv auf Seite 20, da werden die Zähne aufgeklebt).
- Besonders hübsche Stoffe zum Ausschmücken der Motive findet man bei Patchworkstoffen.

3

Welcome

→ eine nette Begrüßung

MOTIVHÖHE
ca. 20 cm

MATERIAL
- Tonkartonreste in Rot, Weiß, Olivgrün, Hautfarbe und Dunkelblau
- Draht, ø 0,35 mm und 0,65 mm
- Reisigzweiglein
- Seitenschneider (um den Draht abzuknipsen)

VORLAGENBOGEN 2 B

1 Den Pilz und den Zwerg wie abgebildet zusammensetzen.

2 Ein Stück dicken Draht mit dem Herz bekleben, trocknen lassen und hinter die Hand kleben.

3 Die restlichen Innenlinien ergänzen, die Wangen mit einem Buntstift etwas röten, den Schriftzug aufschreiben und die Pilzpunkte aufkleben. Mit dünnem Draht ein paar Reisigzweiglein zusammenbinden, die Drahtenden abkneifen und das Ganze unten am Pilzstiel ankleben.

Tipp: Die Pilzpunkte stanzen Sie am besten mit einem Bürolocher aus.

MOTIVHÖHE
ca. 12 cm (ohne Aufhängung)

MATERIAL
- Tonkartonreste in Hautfarbe, Braun, Dunkelbraun, Maisgelb, Schwarz, Gelb, Olivgrün, Hellgrün, Weiß, Rot und Dunkelblau
- Stoffflicken, 1 cm x 1 cm
- Draht (Rödeldraht), ø 1,4 mm
- Nähgarn in Grün
- Seitenschneider (um den Draht abzuknipsen)

VORLAGENBOGEN 1B

Ich schenke dir mein Herz!

→ welch ein Geschenk

1 Den Ast, die Eule und den Zwerg (bis auf das hintere Bein) wie abgebildet zusammensetzen und bemalen.

2 Dann die Eule und den Zwerg auf den Ast setzen, das fehlende Bein anbringen und die zusammengesetzte Laterne mit Nähgarn unter den Ast hängen. Die Strümpfe mit weißen Pünktchen bemalen.

3 Das Fensterbild mit einer Lochzange lochen und unter den gebogenen Draht hängen. Den Aufhängedraht mit zwei Sternen schmücken.

Tipp: Der Draht kann auch gegen Satinband ausgetauscht werden.

Hier wohnt Klara

→ ein tolles Türschild

MOTIVHÖHE
ca. 20,5 cm

MATERIAL
- Tonkartonreste in Ultramarinblau, Hautfarbe, Dunkelgrün, Hellgrün und Rot
- Tafelfolienrest in Schwarz
- Juteschnur in Natur, ø 6 mm, 15 cm lang
- Paketschnur, ø 1,7 mm
- kleines Schwämmchen, 2 cm x 3 cm x 4 cm

VORLAGENBOGEN
2 B

1 Der Tafel von vorne die abziehbare Tafelfolie aufkleben.

2 Dann den Troll wie abgebildet (bis auf den Arm) zusammensetzen. Das Gesicht aufmalen, die Wangen mit einem Buntstift röten, alle Innenlinien ergänzen und den Anzug mit weißen Pünktchen ausschmücken.

3 Den Troll von vorne auf die Tafel kleben, den fehlenden Arm ergänzen und die Nase aufkleben.

4 Den Juteschnurschwanz fixieren und das Schnurende etwas aufzwirbeln. Die Tafel lochen und das Schwämmchen mit Paketschnur unter die Tafel hängen.

Tipp: **Statt Tafelfolie können Sie auch schwarzen Tonkarton nehmen und mit einem weißen Stift den Namen darauf schreiben.**

Hier
wohnt
Klara!

Gnubbels

Eine Seefahrt, die ist lustig

→ braucht etwas Zeit

MOTIVHÖHE
ca. 17,5 cm

VORLAGEN-BOGEN 1B

MATERIAL
- Tonkartonreste in Weiß, Hellgrau, Schwarz, Maisgelb, Braun, Dunkelbraun, Rot, Hellgrün, Hellblau, Grau und Hautfarbe
- Regenbogentonkartonrest

1 Den Rand und das Innenteil auf das Nussboot kleben. Das Blatt laut Vorlage mit den Masteinzelteilen bekleben. Dann den Mast samt Blatt auf dem Nussboot fixieren.

2 Den kleinen Troll, den kleinen Zwerg und die Möwe wie abgebildet zusammensetzen.

3 Jetzt den Troll und den Zwerg von vorne ins Boot setzen und die Möwe auf den Bootsrand.

4 Alle Gesichter aufmalen, die Wangen und Ohren mit einem Buntstift röten und alle weiteren Innenlinien ergänzen.

Tipp: Das Boot eignet sich auch gut als Türschild fürs Kinderzimmer. Dazu den Namen des Kindes auf das Blatt schreiben.

Ich mag dich

→ weckt Frühlingsgefühle

MOTIVHÖHE
ca. 22,5 cm

MATERIAL

- Tonkartonreste in Dunkelgrün, Hautfarbe, Hellblau, Ultramarinblau, Hellgrün und Dunkelrot
- Mikadopapierrest in Hellblau
- Stoffreste, 2 cm x 4,5 cm (Tuch), 1,5 cm x 1,5 cm (kleiner Flicken) und 1,5 cm x 2,5 cm (großer Flicken)
- Juteschnur, ø 6 mm, 12 cm lang
- Nähgarn in Schwarz

VORLAGENBOGEN 1A

1 Den Troll wie abgebildet zusammensetzen und ihm die beiden Tonkarton-Knöpfe aufkleben.

2 Mit einem Cutter die Tasche einschneiden und das Tuch mit der schmalen Seite durchstecken. Das restliche Stück Tuch leicht schräg zuschneiden. Beide Stoffflicken aufkleben.

3 Alle Innenlinien aufmalen und die Wange und die Nase mit einem Buntstift röten.

4 Der kleine Schmetterling erhält zwei aus Mikadopapier zugeschnittene Flügel und zwei Fühler aus Nähgarn. Die Nähgarnstückchen am Ende jeweils mit einem Knoten versehen. Das Gesicht aufmalen und den Schmetterling von vorne auf die Hand des Trolls kleben.

5 Für den Trollschwanz ein Stück Juteschnur anbringen und das Schwanzende aufzwirbeln. Zum Schluss den Troll auf der Bodenfläche fixieren.

Tipp: Falls Sie keine Juteschnur zur Hand haben, dann verwenden Sie Paketschnur.

● ● ○

Zwei Freunde auf Tour

→ haben zusammen viel Spaß

MOTIVHÖHE
ca. 24 cm

MATERIAL

- Tonkartonreste in Dunkelgrün, Rot, Schwarz, Olivgrün, Hautfarbe, Maisgelb und Ultramarinblau
- Juteschnur in Dunkelgrün, ø 3 mm, 11 cm lang
- Knopf in Rot, ø 1,3 cm
- Nähgarn in Gelb
- Motivlocher: Herz

VORLAGENBOGEN 1B

1 Der Troll bekommt von vorne seinen Mund mit Zunge, seine Hose, den Träger und die Herzchen aufgeklebt, von hinten die beiden Beine samt dem separaten Hosenbein.

2 Den Korb mit der Innenfläche bekleben und ihn dem Troll von hinten in die Hand geben. Nun die Trollhaare festkleben und den zusammengesetzten Wichtel in den Korb setzen.

3 Den Schwanz aus Juteschnur ankleben und das Schnurende etwas aufzwirbeln. Beide Gesichter aufmalen, die Nasen und Wangen mit einem Buntstift röten und die restlichen Innenlinien ergänzen.

4 Durch die Knopflöcher etwas Nähgarn fädeln und den Knopf danach am Träger festkleben.

Tipp: Statt der ausgestanzten Herzchen können Sie auch kleine, mit dem Bürolocher ausgestanzte Punkte aufkleben.

Ich hab dich so lieb!

→ die beiden sind unzertrennlich

MOTIVHÖHE
ca. 21 cm

MATERIAL

- Tonkartonreste in Dunkelgrün, Hellgrün, Rot, Hautfarbe und Grau
- Stoffflicken, 2,3 cm x 2,3 cm
- Juteschnur in Dunkelblau, ø 3 mm, 2 x 15 cm lang
- Nähgarn in Schwarz
- Motivlocher: Herz

VORLAGENBOGEN 1A

1 Von hinten den Kopf und die Beine, von vorne die Haare, die Nase, die Maus und beide Hände ankleben. Der Maus vorher ein Schwänzchen aus Nähgarn ankleben.

2 Die Gesichter aufmalen, die restlichen Innenlinien ergänzen und die Wange mit einem Buntstift röten.

3 Zur Zierde zwei Juteschnurschleifen, einen Stoffflicken und drei ausgestanzte Herzchen aufkleben.

Tipp: Ein Flicken aus gemustertem Tonkarton sieht auch nett aus.

Was für ein dicker Fisch

→ so macht Angeln richtig Spaß!

MOTIVHÖHE
ca. 26 cm

MATERIAL
- Tonkartonreste in Olivgrün, Hellgrün, Ultramarinblau, Blau, Hellblau, Rot, Hellgrau, Grau, Maisgelb, Schwarz, Weiß, Dunkelbraun und Hautfarbe
- Stoffflicken, 2,5 cm x 2,5 cm
- Nähgarn in Schwarz und Blau

VORLAGENBOGEN 1A

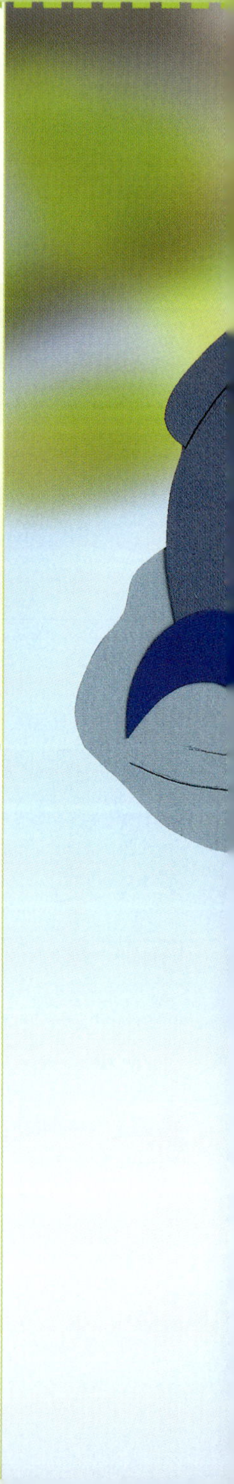

1 Die Schilfblätter und die Grasfläche samt den Steinen auf die Wasserfläche kleben

2 Den Zwerg wie abgebildet (bis auf die Arme) zusammensetzen. Mit einem Cutter die Tasche einschneiden und das Tuch in die Tasche stecken. Den hinteren Arm festkleben und den Zwerg auf der Grasfläche fixieren.

3 Die oben mit einer Nähnadel durchstochene Angel ankleben und die Fingerspitzen von vorne festkleben. Dann den vorderen Arm anbringen.

4 Die Fische zusammensetzen, mit einer Nähnadel durchstechen und einen davon auf der Wasserfläche fixieren. Zwischen Angel und Fisch die Angelschnur anknoten. Unter das Bild zwei weitere Fische hängen. Alle Innenlinien aufmalen, die Wange und die Nase des Zwerges mit einem Buntstift etwas röten.

Tipp: Auch ohne Taschentuch macht sich der Zwerg gut.

Psst, ich schlafe

→ einfach zu basteln

MOTIVHÖHE
ca. 17 cm

MATERIAL
- Tonkartonreste in Dunkelgrün, Olivgrün, Rot, Weiß, Ultramarinblau und Hautfarbe
- Buntstift in Blau

VORLAGENBOGEN 1A

1 Auf das Blatt das Kissen, die Decke und beide Außenteile aufkleben.

2 Der Wichtel erhält von hinten beide Hände angeklebt. Den Kopf, die Mütze und den Schnuller zusammenfügen. Den Oberkörper auf das Bett kleben und den Kopf von vorne ergänzen.

3 Die Innenlinien aufmalen, die Nase mit einem Buntstift röten und die Decke mit blauen Pünktchen verzieren.

Tipp: Den Schnuller stanzen Sie am besten mit einem Bürolocher aus.

Zwergen-Lesezeichen

→ nettes Geschenk für Leseratten

MOTIVHÖHE
ca. 16 cm (ohne Satinband)

MATERIAL
- Tonkartonreste in Maisgelb, Rot, Schwarz, Hautfarbe, Weiß, Hellgrün, Dunkelgrün und Ultramarinblau
- Satinband in Hellgrün, 3 mm breit, 30 cm lang

VORLAGENBOGEN 1A

1 Das Lesezeichen mit der Grasfläche bekleben. Danach den zusammengesetzten Zwerg auf der Grasfläche platzieren. Das Gesicht und die Innenlinien ergänzen und die Wangen und die Nase mit einem Buntstift röten.

2 Die Marienkäfer ebenfalls zusammensetzen und bemalen.

3 Einen Marienkäfer auf das Lesezeichen kleben. Das Lesezeichen lochen, Satinband durch das Loch ziehen und die Satinbandenden mit den beiden anderen Marienkäfern verzieren.

Mit Volldampf voraus

→ die Mühe lohnt sich!

MOTIVHÖHE
ca. 19 cm

MATERIAL
- Tonkarton in Hellgrün, A4
- Tonkartonreste in Dunkelgrün, Rot, Grau, Hellgrau, Maisgelb, Dunkelbraun, Weiß, Dunkelblau, Orange und Hautfarbe
- Regenbogentonkartonrest
- Knopf in Dunkelblau, ø 1,2 cm
- Juteschnur in Dunkelblau, ø 3 mm, 11 cm lang
- Nähgarn in Gelb

VORLAGENBOGEN 1B

1 Den Troll wie abgebildet (bis auf die Arme) zusammensetzen und den Juteschwanz ankleben.

2 Dem Wagen von vorne das Rad mit Felge, das Stroh und die Maus aufkleben.

3 Das Zwergengesicht mit dem Bart, der Mütze und den Haaren versehen. Den Arm zusammensetzen und die Gabel von hinten anbringen. Den Oberkörper auf das Stroh kleben und den Arm samt Gabel und den kompletten Kopf fixieren. Dann den hinteren Wagengriff ankleben.

4 Den fertigen Wagen auf der Grasfläche fixieren und den Troll aufkleben. Vorher seinen hinteren Arm ankleben, den vorderen Griff anbringen und den fehlenden Arm ergänzen. Beide Steine auf die Grasfläche kleben.

5 Die Gesichter aufmalen, die Nasen und Wangen mit einem Buntstift röten und alle Innenlinien ergänzen. Zum Schluss das Herz mit einem Knopf bekleben, durch den etwas Nähgarn gefädelt wurde.

Tipp: Die Hose können Sie selbstverständlich auch aus einfarbigem Tonkarton arbeiten.

Witzige Tischkarten

→ sorgen für Freude auf dem Esstisch

MOTIVHÖHE
ca. 12 cm (Tischkarte „Emily“)

MATERIAL

- Tonkartonreste in Gelb, Dunkelrot, Weiß, Hautfarbe und Dunkelblau
- Regenbogentonkartonreste in verschiedenen Farbverläufen
- Juteschnurreste in Gelb und Dunkelblau

VORLAGENBOGEN 1B

1 Zuerst die Juteschnurfasern herstellen. Dafür das Juteschnurstück in ca. 5 mm lange Stückchen schneiden und auseinander zwirbeln.

2 Für die Haarpracht das Tonkartonteil mit etwas Flüssigkleber bestreichen, die Juteschnurfasern auf den Klebstoff streuen und etwas festdrücken.

3 Die Trollgesichter zusammensetzen, bemalen und die Wangen und Ohren mit einem Buntstift röten.

4 Den Kopf und beide Hände auf das Blatt kleben. Den Namen ergänzen und die restlichen Innenlinien aufmalen.

Ein kleines Trollmädchen

→ geht ganz einfach

MOTIVHÖHE
ca. 17 cm

MATERIAL
- Tonkartonreste in Olivgrün, Hautfarbe, Rot, Dunkelblau und Dunkelrot
- Juteschnur in Dunkelblau, ø 3 mm, 20 cm lang
- Lineal

VORLAGENBOGEN 2A

1 Den Kragen und beide Hände von vorne auf das Kleid kleben. Von hinten die Beine und das Gesicht samt Nase anbringen. Die Haare ergänzen und alle Innenlinien aufmalen.

2 Die Wangen mit einem Buntstift röten und die Schleife aus Juteschnur anbringen.

3 Mit einer Nadel die vorgegebene Knickkante vorsichtig anritzen, damit das Trollmädchen später problemlos hingesetzt werden kann.

Das wird schmecken

→ etwas aufwändiger

MOTIVHÖHE
ca. 20,5 cm

MATERIAL
- Tonkartonreste in Grau, Dunkelbraun, Dunkelrot, Dunkelblau, Olivgrün, Weiß, Rot, Hautfarbe, Maisgelb, Grün und Hellgrün
- Filzrest in Rot meliert, 4 cm x 2 cm
- Draht, ø 0,35 mm
- Juteschnur in Dunkelblau, ø 3 mm, 10 cm lang
- Seitenschneider (um die Drähte abzuknipsen)

VORLAGENBOGEN 2A

1 Die Trollfrau wie abgebildet (bis auf die Arme) zusammensetzen, anmalen und auf der Grasfläche fixieren.

2 Das Holz aufkleben und den zusammengesetzten Topf ergänzen. Den Stiel hinter den Kopf der Trollfrau schieben und ihn von vorne auf die Suppe kleben. Den hinteren Arm samt Hand von hinten am Oberkörper und am Stiel ankleben, die Fingerspitzen ergänzen. Dann die fehlende vordere Hand hinter den Ärmel schieben und am Stiel und am Ärmel ankleben.

3 Zwei Pilze und ein Löffel schmücken die Grasfläche. Die restlichen Innenlinien aufmalen und das Feuer mit einem Buntstift röten.

4 Für die Haarschleife ein Stückchen Filz in der Mitte mit Draht umwickeln, die Drahtenden locken und die Schleife dann aufkleben. Einen Schwanz aus Juteschnur von hinten ankleben und das Schnurende etwas aufzwirbeln.

Lustige Kirsch-Schaukel

→ etwas für geübte Hände

MOTIVHÖHE
ca. 17 cm

MATERIAL
- Tonkartonreste in Dunkelgrün, Olivgrün, Blau, Schwarz, Hautfarbe, Gelb, zwei Rottönen und Grau

VORLAGEN-BOGEN 2A

1 Der erste Wichtel erhält von vorne die Haare, die Mütze, die Jacke samt Tasche und den Schal und von hinten die Hand und das Bein samt Schuh angeklebt. An das zweite Hosenbein von hinten das Bein mit Schuh kleben. Dieses Bein von hinten an den Stiel kleben und die Kirsche von hinten anbringen. Den kompletten Wichtel auf die Kirsche kleben.

2 Die zweite Kirsche genauso gestalten, jedoch den Wichtel spiegelverkehrt arbeiten.

3 Alle Innenlinien ergänzen, die Gesichter aufmalen und die Wangen mit einem Buntstift röten. Zum Schluss das Kirschblatt aufkleben.

MOTIVHÖHE
ca. 15,5 cm

MATERIAL

- Tonkartonreste in Rot, Weiß, Hautfarbe, Dunkelgrün, Hellgrün, Orange und Schwarz
- Regenbogentonkartonrest
- Draht, ø 0,65 mm
- Nähgarn in Grün
- Seitenschneider (um den Draht abzuknipsen)

VORLAGENBOGEN 2A

Jetzt aber los

→ mit Möhre macht der Ausflug noch mehr Spaß!

1 Den Wichtel und die Schnecke wie abgebildet zusammensetzen.

2 Die Gesichter aufmalen und die Wangen und die Nase mit einem Buntstift röten.

3 Die kleine und die große Möhre zusammensetzen. Ein Stückchen Draht in Form biegen, ein Ende zu einer Öse formen und die kleine Möhre mit Nähgarn anhängen. Den Draht hinter die Hand kleben.

4 Die beiden Freunde auf der Möhre fixieren und zum Schluss die Innenlinien aufmalen.

Tipp: Das Schneckengehäuse kann auch aus gelbem Tonkarton gestaltet werden.

Auch ein Troll muss mal baden

→ eignet sich als Türschild fürs Badezimmer

MOTIVHÖHE
ca. 22 cm

MATERIAL

- Tonkartonreste in Dunkelrot, Hautfarbe, Weiß, Hellblau, Ultramarinblau, Blau, Gelb, Maisgelb, Schwarz, Olivgrün, Dunkelbraun, Braun und Dunkelgrün
- Buntstift in Blau

VORLAGENBOGEN
2 B

1 Dem Troll von vorne die Haare und die Schaumteilchen aufkleben. Bevor der Troll von vorne auf den Bottich geklebt wird, müssen das Wasserteil und das hintere Schaumteil schon aufgeklebt sein. Zwei weitere Schaumteile und der Bottichrand folgen.

2 Den Zwerg zusammensetzen und von hinten an den Bottich kleben.

3 Eine große und eine kleine Wasserpfütze auf die Bodenfläche kleben. Den Bottich mit Troll und Zwerg auf der Bodenplatte fixieren.

4 Die Bürste, der Fisch und das Entchen schmücken das Fensterbild. Die Gesichter aufmalen, die Innenlinien ergänzen und die Nasen, Wangen, das Ohr und den Schnabel mit einem Buntstift röten.

5 Mit einem blauen Buntstift dem Schaum mehr Tiefe verleihen.

Tipp: Dieses Fensterbild ist auch ohne Zwerg ein echter Hingucker!

Da staunt die Rohrdrossel

→ hier ist etwas Geduld gefragt

MOTIVHÖHE
ca. 19,5 cm

MATERIAL

- Tonkartonreste in Olivgrün, Grün, Dunkelgrün, Grau, Gelb, Dunkelblau, Blau, Hautfarbe und Dunkelrot

VORLAGENBOGEN
2 A

1 Das Nest bekommt von vorn die beiden hinteren Schilfrohre und danach das Nestinnere aufgeklebt. Nun den oberen und unteren Teil des rechten Rohres (vom Betrachter aus gesehen) anbringen.

2 Das mittlere Teil des mittleren Rohrs ankleben und den fertigen Troll ins Nest legen. Vorher den Troll von vorne mit dem Haarteil und der Hose bekleben. Danach das rechte Bein und danach das linke Bein von hinten an die Hose kleben. Die Nase und die Wangen mit einem Buntstift röten und die restlichen Innenlinien aufmalen.

3 Nun alle Einzelteile des Schilfs fixieren und die beiden Blätter ergänzen. Der Vogel bekommt den Flügel, den Schnabel und den Wurm angeklebt, bevor er auf dem Blatt Platz nimmt.

MOTIVHÖHE
ca. 15 cm

MATERIAL
Tonkartonreste in Hellgrün, Olivgrün, Dunkelgrün, Weiß, Gelb, Maisgelb, Orange und Blau

VORLAGENBOGEN 2A

Ein drolliges Pärchen

→ einfach zum Verlieben

1 Das Wichtelmädchen und den Wichteljungen wie abgebildet zusammensetzen.

2 Die Gesichter aufmalen, die Wangen und die Nasen mit einem Buntstift röten und die Innenlinien ergänzen.

3 Dann die beiden Wichtel auf die Grasfläche stellen. Der Junge steht dabei vor dem Mädchen.

4 Zum Schluss dem Wichteljungen die große, zusammengesetzte Blume in die Hand drücken.

Tipp: Auch andere Tonkartonfarben machen sich gut.

Welch ein netter Gruß

→ diese Karten bereiten Freude

MOTIVHÖHE
ca. 17 cm (Karte)

MATERIAL (FÜR BEIDE KARTEN)

- Karte in Hellgrün, 12 cm x 17 cm, hochdoppelt
- Karte in Hellorange, 12 cm x 17 cm, hochdoppelt
- Tonkartonreste in Dunkelblau, Hellblau, Hellgrün, Rot, Hautfarbe, Maisgelb und Weiß
- Regenbogentonkartonreste in verschiedenen Farbverläufen
- Satinband in Hellgrün und Rot, 3 mm breit, je 60 cm lang

VORLAGENBOGEN 2 B

Trollkarte

1 Zuerst das Gesicht mit dem Haarteil bekleben, danach den Kopf auf der Karte fixieren. Das hellblaue untere Kartenteil aufkleben und die Nase und beide Hände ergänzen. Das Blatt und die Schnecke aufkleben.

2 Die rechte obere Kartenfläche entlang des Haarschopfes wegschneiden.

3 Die Gesichter aufmalen. Die Wangen und die Schneckennase mit einem Buntstift röten und alle Innenlinien ergänzen.

4 Das Satinband um die Karte legen, oberhalb der Karte verknoten und die Satinbandenden mit den Blättern verzieren.

Zwergenkarte

1 Das Gesicht mit dem Bart, der Mütze und den Haaren bekleben. Nun den Kopf auf der Karte fixieren und das Kartenunterteil aufkleben. Die Nase und beide Hände fixieren. Die Blüten zusammensetzen und samt dem Marienkäfer auf die Karte kleben.

2 Die Gesichter aufmalen. Die Wangen mit einem Buntstift röten und die Innenlinien aufmalen.

3 Das Satinband um die Karte binden und die Satinbandenden mit Blüten schmücken.

Tipp: Die Karten können Sie auch aus Tonkarton zuschneiden.

Heisa, das macht Spaß!

→ für große und kleine Rennfahrer

1 Die Hose erhält von hinten das zweite Hosenbein und die Beine und von vorne die Schuhe aufgeklebt. Den Unterkörper auf der Grasfläche fixieren. Beide Räder, die zusammengesetzte Lenkstange und die Standfläche aufkleben.

2 Das Gesicht bekommt den Bart, die Mütze samt Maus aufgeklebt. Das Mäuseschwänzchen vorher festkleben. Den Kopf am Oberkörper ankleben, die vordere Hand ergänzen und den kompletten hinteren Arm festkleben. Die Tasche aufkleben und mit einem Herzchen schmücken. Den ganzen Oberkörper von vorne auf die Hose und das Lenkrad kleben. Von hinten die zusammengesetzten Blumen an die Grasfläche kleben.

3 Das Gesicht aufmalen, die Wange und die Nase mit einem Buntstift röten, alle Innenlinien ergänzen und mit einem weißen Stift Strumpfstreifen aufmalen.

MOTIVHÖHE
ca. 15 cm

VORLAGENBOGEN 2B

MATERIAL

- Tonkartonreste in Olivgrün, Grau, Ultramarinblau, Hautfarbe, Weiß, Maisgelb, Rot und Dunkelgrün
- Nähgarn in Schwarz
- Motivlocher: Herz

DIESES BUCH ENTHÄLT 2 VORLAGENBOGEN

IMPRESSUM

FOTOS: frechverlag GmbH, 70499 Stuttgart; Fotostudio Ullrich & Co., Renningen
DRUCK: frechdruck GmbH, 70499 Stuttgart

Auflage:	5.	4.	3.	2.	1.	
Jahr:	2008	2007	2006	2005	2004	[Letzte Zahlen maßgebend]

ISBN 3-7724-3288-3
Best.-Nr. 3288